お店やさんグッズ

身近な素材で作る
お店やさん18

あかま あきこ・著

メイト

もくじ

はじめに

子どもたちが大好きな「お店やさんごっこ」。この本を手にしてくださったあなたの目の前にいる子どもたちは、どんなお店やさんをしてみたいのでしょう？

「ぼくはパンやさん！」という子は、もしかしたらクリームパンが大好きで、「パンやさんになったら、いつでもいっぱい食べられていいな」と思っているのかもしれません。「私はお花やさん」という子は、家族の人と買い物のときに立ち寄ったお花やさんで、たくさんのきれいな花に囲まれて楽しそうにニコニコと仕事をしている、やさしそうなお店のお姉さんにあこがれているのかも。いずれにしても、きっとふだんの生活の中で行ったことのある楽しいお店を思い浮かべているのでしょう。

そんな楽しいお店やさんのごっこあそびを、みんなでわいわい始めましょう。まずは、お店の品物を用意しなくては……。でも、パンやさんのクリームパンやお花やさんのチューリップ……いつも見ていて、よく知っているはずなのに、いざ作ろうと思ったらどうしていいかわからない。そんなときに、どうぞこの本を参考にしてください。

この本では、封筒や割りばしなど、できるだけ身近な材料で簡単に作れるように心がけました。もし同じ材料が手に入らなかったとしても、あきらめないでくださいね。使いたい色の毛糸がなかったら、イメージに合うひもを探したり、色画用紙を細く切ってみたりと、子どもたちと一緒に考えてみましょう。「あっ、これだ！」と発見する

のも楽しいですよ。また、パフェを作りながら「ピンクは何の味かな？」と子どもたちに問いかけてみましょう。「ストロベリー！　茶色はね……」などと会話が広がって、作る時間も楽しくなります。作り方も、子どもたちのアイデアを取り入れてどんどんアレンジしてみましょう。「あ、○○ちゃん、おもしろい作り方しているよ」などとクラスに知らせると、みんなが作り方を工夫するきっかけにもなりますね。

グッズ作りも、急がずじっくりとおこないましょう。「今日はくだものやさんのバナナを作ったから、明日はイチゴを作ろう。その次は……」と展開していくと、次の活動に期待をもつことができ、楽しいですね。

そして、いよいよお店やさんの開店！　品物の並べ方もいろいろ。「布の上に並べてみる？」「箱に入れてみようよ」と友だちと相談したり、「いらっしゃいませ！」「チーズバーガーください」などのやりとりは、みんなでやってこそ味わえるおもしろさです。

グッズ作りから買い物まで、どうぞたっぷりと楽しんでくださいね。

あかま　あきこ（造形作家・絵本作家）

パンやさん

アンパン・食パン・クリームパン……
パンは味も形もいろいろとあって、
作るのも楽しくなりますね。
身近な素材を工夫して作ってみましょう。

クリームパン

アンパン

**チョコ
コロネ**

食パン

クレヨンで塗って、
焼きめをつけたり、
ジャムをつけると
楽しいね。

ドーナツ

クロワッサン

パンやさんの作り方

● クリームパン

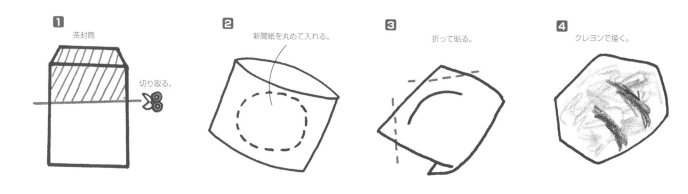

1 茶封筒
切り取る。

2 新聞紙を丸めて入れる。

3 折って貼る。

4 クレヨンで描く。

● 食パン

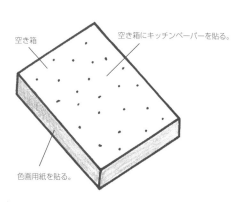

空き箱

空き箱にキッチンペーパーを貼る。

色画用紙を貼る。

★作り方のコツ★

薄い箱はそのまま使用します。厚い箱は切って組み合わせましょう。

1 クッキー
切る。
カレ
取る。

2 クッキー

● アンパン

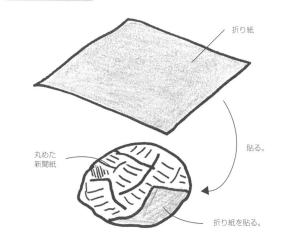

折り紙

貼る。

丸めた新聞紙

折り紙を貼る。

木工用ボンドを塗る。

毛糸を切って振りかける。

★作り方のコツ★

ボンドは広めにたっぷりと塗ります。

6

● チョココロネ

1

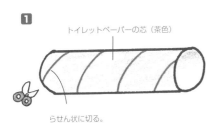

トイレットペーパーの芯（茶色）

らせん状に切る。

2

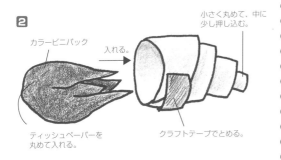

カラービニパック

入れる。

小さく丸めて、中に
少し押し込む。

ティッシュペーパーを
丸めて入れる。

クラフトテープでとめる。

3

セロハンテープ
でとめる。

● クロワッサン

★作り方のコツ★
段ボールは三日月の形に切るよ。

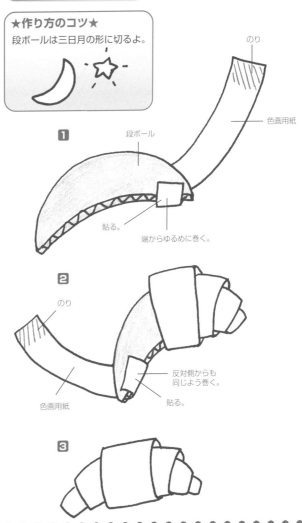

1

段ボール

のり

色画用紙

貼る。

端からゆるめに巻く。

2

のり

色画用紙

反対側からも
同じよう巻く。

貼る。

3

● ドーナツ

1

細長い茶封筒

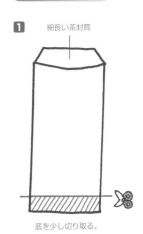

底を少し切り取る。

2

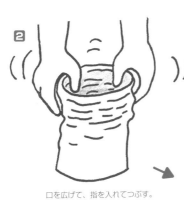

口を広げて、指を入れてつぶす。

3

タッチフェルトやビーズを貼ってトッピング！

ケーキやさん

おたんじょうび
おめでとう！

様々なカップや箱の、
そのままの形を利用して作ります。
トッピングするものもアイデアを出し合って
作ると楽しいですね。

切り分けて、
ショートケーキに
してもいいね。

バースデーケーキ

モンブラン

チョコレート
ケーキ

ロール
ケーキ

シュークリーム

ケーキやさんの作り方

◉ バースデーケーキ（ホール）

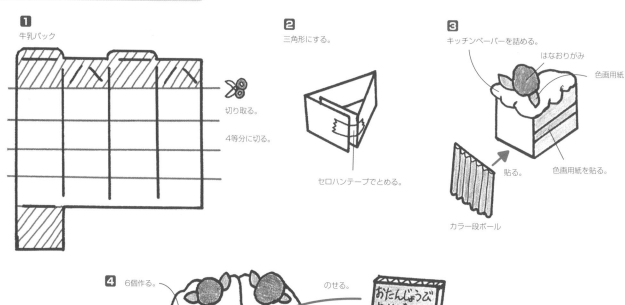

1 牛乳パック

切り取る。

4等分に切る。

2 三角形にする。

セロハンテープでとめる。

3 キッチンペーパーを詰める。

はなおりがみ

色画用紙

色画用紙を貼る。

貼る。

カラー段ボール

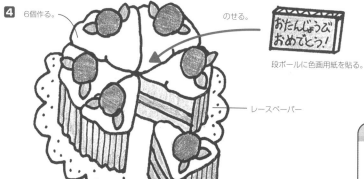

4 6個作る。

のせる。

おたんじょうび
おめでとう！

段ボールに色画用紙を貼る。

レースペーパー

プラスアイデア

ケーキを切り分けるナイフは、
段ボールをナイフの形に切り、
折り紙を貼ります。

◉ チョコレートケーキ

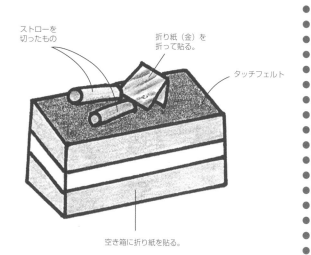

ストローを
切ったもの

折り紙（金）を
折って貼る。

タッチフェルト

空き箱に折り紙を貼る。

◉ モンブラン

1 紙コップ

造形はさみで
切り取る。

2 ティッシュペーパーを丸めて、
折り紙で包む。

毛糸

描く。

中に新聞紙を
詰める。

● ロールケーキ

1

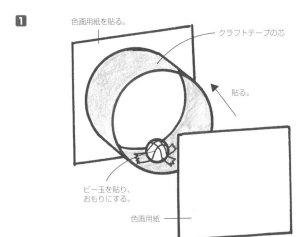

色画用紙を貼る。

クラフトテープの芯

貼る。

ビー玉を貼り、
おもりにする。

色画用紙

2

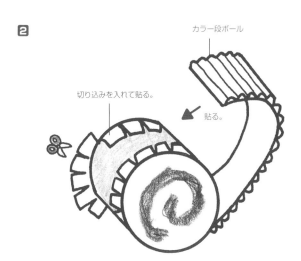

カラー段ボール

切り込みを入れて貼る。

貼る。

3

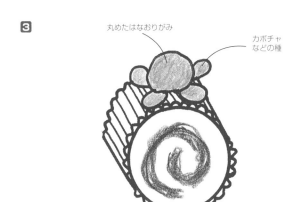

丸めたはなおりがみ

カボチャ
などの種

● シュークリーム

1

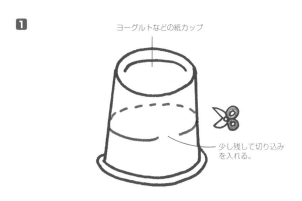

ヨーグルトなどの紙カップ

少し残して切り込み
を入れる。

2

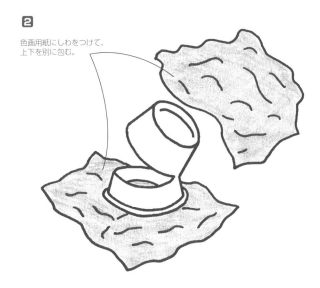

色画用紙にしわをつけて、
上下を別に包む。

3

綿を挟む。

> **プラスアイデア**
>
> ケーキのトッピングは、ほかにも身近なものを使って楽しく飾りましょう。
> 例　カキ・リンゴ・ヒマワリなどの種、ドングリ、短く切ったモール、ボタン、ビーズなど

やおやさん

いろいろな野菜が出まわるようになりました。
つやつやした質感は、ビニール袋などを利用
して作るとよいでしょう。

ダイコン

ニンジン

ピーマン

100円ショップなど
で売っているかごも
使うと雰囲気が出て
いいよ。

トマト

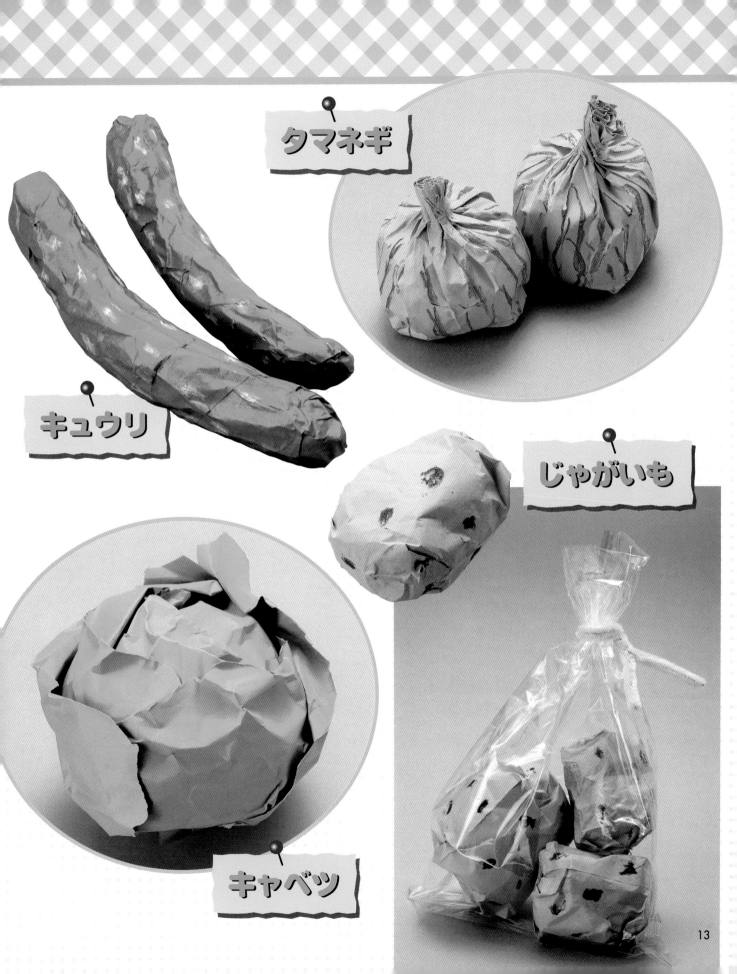

タマネギ

キュウリ

じゃがいも

キャベツ

13

やおやさんの作り方

● ダイコン（ニンジン）

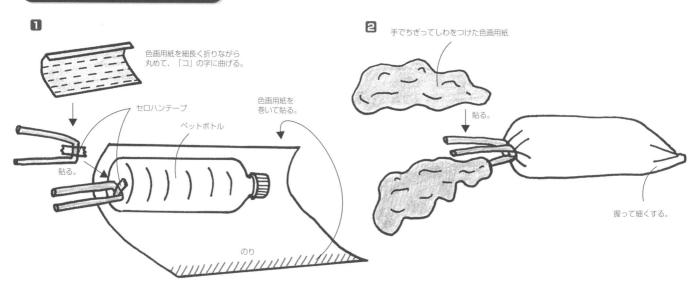

1

色画用紙を細長く折りながら丸めて、「コ」の字に曲げる。

貼る。

セロハンテープ

ペットボトル

色画用紙を巻いて貼る。

のり

2

手でちぎってしわをつけた色画用紙

貼る。

握って細くする。

● キャベツ

1

丸めた新聞紙

色画用紙にしわをつけて貼る。

2

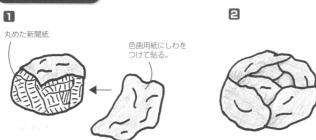

● キュウリ

1

新聞紙を細長く丸める。

貼る。

折り紙

2

クレヨンで点々を描く。

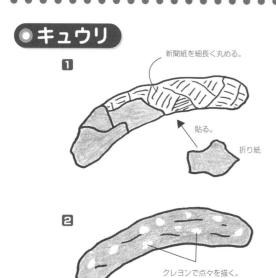

● じゃがいも

1

切り取る。

茶封筒

2

丸めた新聞紙

折って貼る。

3

クレヨンなどで点々を描く。

握って形を整える。

おにぎりみたいにぎゅっぎゅって握るよ。
（形を整えるとき）

タマネギ

1

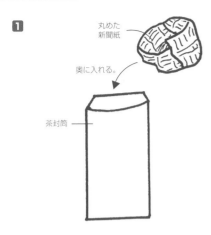

丸めた
新聞紙

奥に入れる。

茶封筒

2

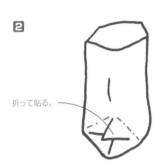

折って貼る。

3

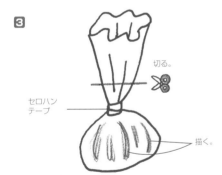

切る。

セロハン
テープ

描く。

ピーマン

1

モールを紙コップの中に貼る。

セロハン
テープ

切り込み

紙コップ

2

ふちを内側に折る。

底を握りつぶす。

3

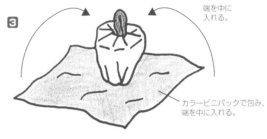

端を中に
入れる。

カラービニパックで包み、
端を中に入れる。

4

トマト

1

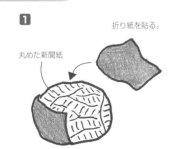

折り紙を貼る。

丸めた新聞紙

2

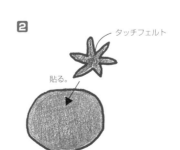

タッチフェルト

貼る。

3

くだものやさん

色とりどりの果物は、それぞれ複数作って、
かごやビニールの容器を利用して盛ると雰囲気が出ます。
買い物などで出た空き容器も、しっかり活用しましょうね。

リンゴ

バナナ

メロン

パイナップル

1本ずつ作って、
面ファスナーで
くっつけても
いいね。

イチゴ

ミカン

ブドウ

スイカ

くだものやさんの作り方

● スイカ（メロン・リンゴ）

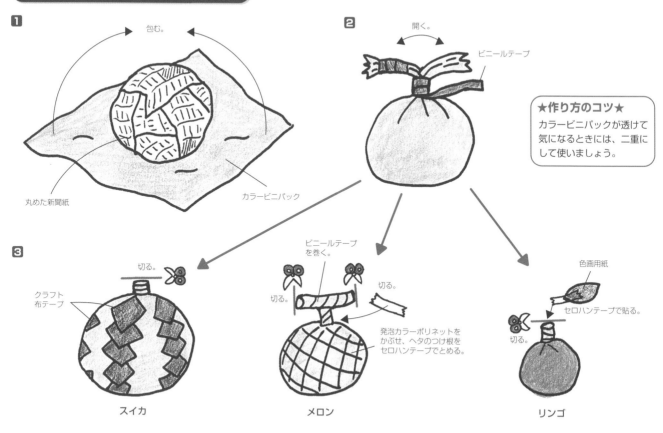

1
包む。
丸めた新聞紙
カラービニパック

2
開く。
ビニールテープ

★作り方のコツ★
カラービニパックが透けて
気になるときには、二重に
して使いましょう。

3
切る。
クラフト
布テープ
スイカ

ビニールテープ
を巻く。
切る。
切る。
発泡カラーポリネットを
かぶせ、ヘタのつけ根を
セロハンテープでとめる。
メロン

色画用紙
セロハンテープで貼る。
切る。
リンゴ

● バナナ

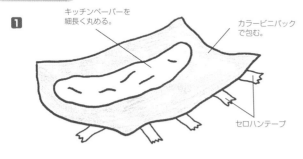

1
キッチンペーパーを
細長く丸める。
カラービニパック
で包む。
セロハンテープ

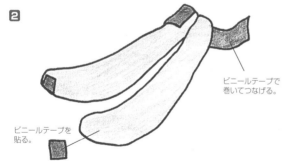

2
ビニールテープで
巻いてつなげる。
ビニールテープを
貼る。

● ミカン

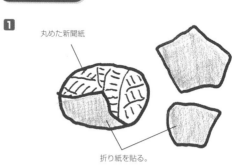

1
丸めた新聞紙
折り紙を貼る。

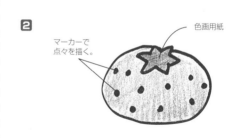

2
マーカーで
点々を描く。
色画用紙

● イチゴ

1

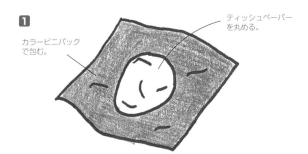

カラービニパック
で包む。

ティッシュペーパー
を丸める。

2

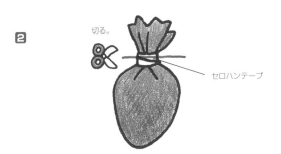

切る。

セロハンテープ

3

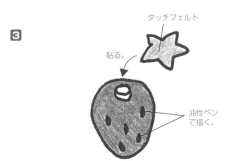

貼る。

タッチフェルト

油性ペン
で描く。

● パイナップル

1

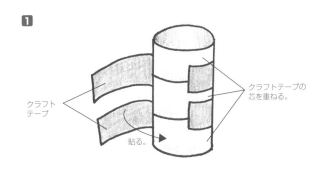

クラフト
テープ

貼る。

クラフトテープの
芯を重ねる。

2

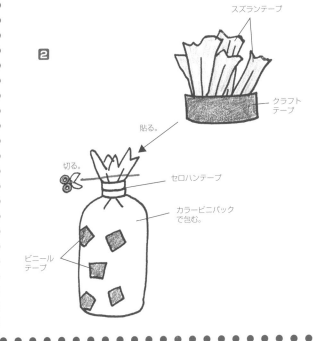

スズランテープ

クラフト
テープ

貼る。

切る。

セロハンテープ

カラービニパック
で包む。

ビニール
テープ

● ブドウ

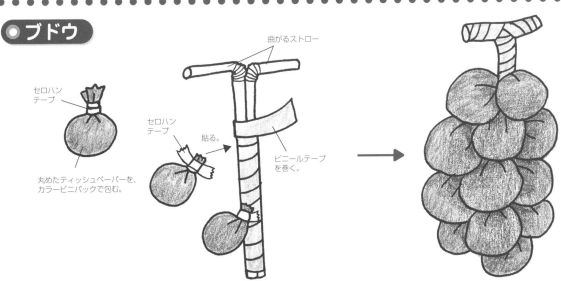

セロハン
テープ

セロハン
テープ

貼る。

曲がるストロー

ビニールテープ
を巻く。

丸めたティッシュペーパーを、
カラービニパックで包む。

さかなやさん

青い魚や赤い魚……いろいろな種類があります。
色画用紙で作ったり、できあがったものに色を
塗ったりして作りましょう。
基本の作り方を応用して、写真以外の魚も作っ
てみましょう。

タコ

サンマ

ホタテ

イカ

アジの開き

タイ

切り身

21

さかなやさんの作り方

● イカ

1
切り取る。
紙コップ

2
平らにつぶす。

3
切る。
紙皿

4
折る。

セロハンテープでとめる。
挟む。
中に貼る。

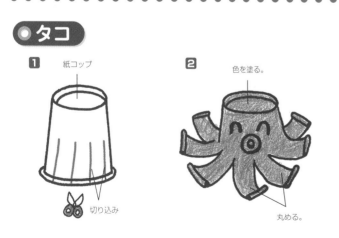

毛糸
セロハンテープ

● サンマ

1 色画用紙を筒状に丸める。
のり
色画用紙を丸めて貼る。
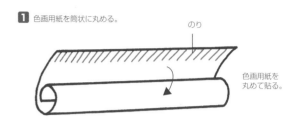

2 つぶす。

3
色画用紙
ねじる。
描く。
切り取る。
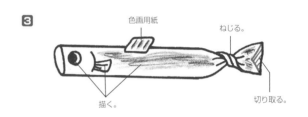

● ホタテ

紙皿（2枚）
切り取る。
切り取る。
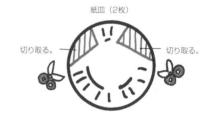

描く。

貼る。
のり
描く。
フェルト
（ペンで模様を描く）
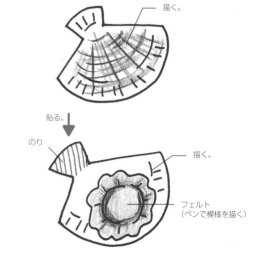

● タコ

1
紙コップ
切り込み

2
色を塗る。
丸める。

22

タイ

1

封筒

中に新聞紙を詰める。

貼る。

2

描く。

色画用紙

折って貼る。

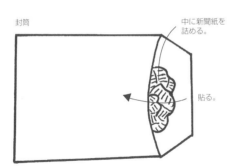

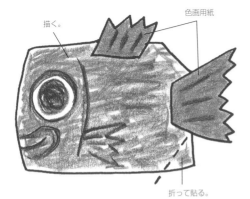

 切り身

1

色画用紙

折る。

描く。

貼る。

トイレットペーパーの芯（白）をつぶす。

切り取る。

2

サケは、オレンジ色に塗る。
タラは、白いまま。

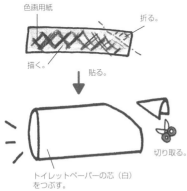

アジの開き

1

段ボール（二つ折り）

片面を切る。

2

合わせて切る。

3

開いて描く。

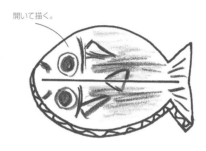

プラスアイデア

サンマやタイの作り方で、大きさや形を少し変えて、
ほかの魚も作ってみましょう。

メザシ
サンマより小さく、短く作る。

ヒラメ
封筒の角は折らない。
タイより新聞紙の量を少なくする。

ひもを通す。

色画用紙

おにくやさん

「肉が好き！」という子は多いようです。
肉はスチロールトレイにのせるだけで、実物
のように見えます。焼き鳥には、こげ茶色の
クレヨンで焼きめも描いてみましょう。

ステーキ肉

ロースハム

ソーセージ

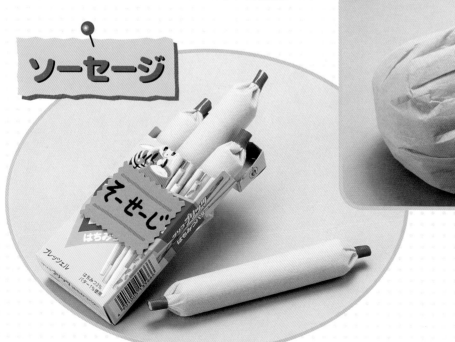

骨つき肉

24

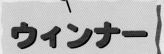
ウィンナー

焼き鳥

細切れ肉

「お父さんもぼくも、
　大好きなんだよ」って、
　話が広がるね。

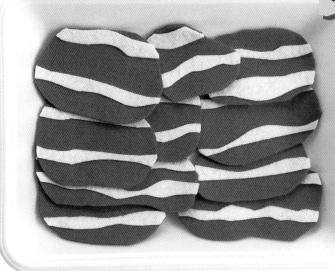

● ステーキ肉

1 カラー不織布をゆるく折りたたむ。

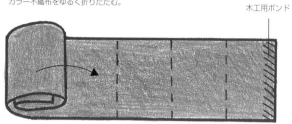

木工用ボンド

2 クレヨン（白）で描く。

切る。　　　　　　　　切る。

● ソーセージ

1 カラー不織布　　　　包む。

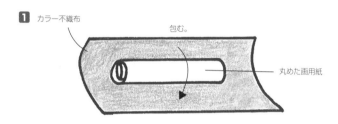

丸めた画用紙

2 ビニールテープを巻く。

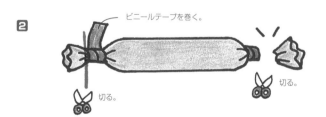

切る。

3 色画用紙に描く。

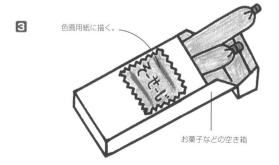

お菓子などの空き箱

● ウィンナー

1 カラー不織布　　　包む。

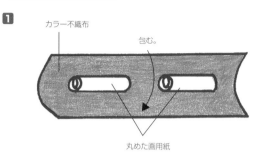

丸めた画用紙

2 セロハンテープ

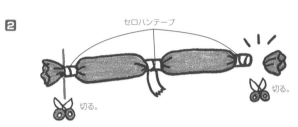

切る。

3

ビニール袋　　　　　　モール

★作り方のコツ★
2本つなげて作るのがむずかしいときには、
1本ずつ作ってセロハンテープでつなげま
しょう。

● ロースハム

タッチフェルト

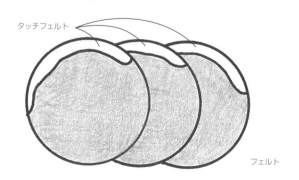

フェルト

● 骨つき肉

1

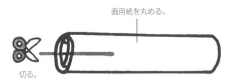

画用紙を丸める。

切る。

2

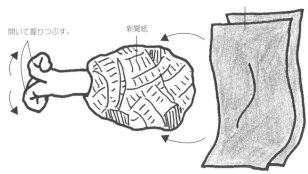

開いて握りつぶす。

新聞紙

カラー不織布で包む。

3

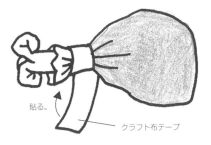

貼る。

クラフト布テープ

● 焼き鳥

1

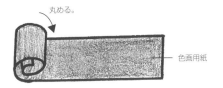

丸める。

色画用紙

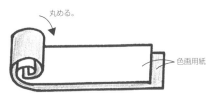

丸める。

色画用紙

2

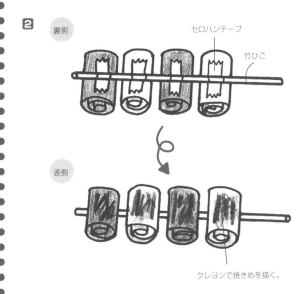

裏側

セロハンテープ

竹ひご

表側

クレヨンで焼きめを描く。

● 細切れ肉

1

フェルト　　タッチフェルト

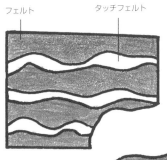

切る。

2

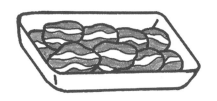

スチロールトレイに並べる。

おかしやさん

子どもに大人気なのは、おかしやさんではないでしょうか。子どもたちの好きなおかしがいっぱい！　包み紙や空き箱なども捨てずに、活用してみるとよいでしょう。

おせんべい

ぺろぺろ
キャンディー

かごや、下に敷くものを
使うと、さらに楽しさいっぱい！
雰囲気が出るね。

お団子

三色団子

ビスケット

アイスキャンディーには、
クレヨンで模様をつけても楽しいよ。
マーブル模様にしたら、
どんな味がするのかな。

アイス
キャンディー

チョコレート

キャンディー

おかしやさんの作り方

● ぺろぺろキャンディー

1

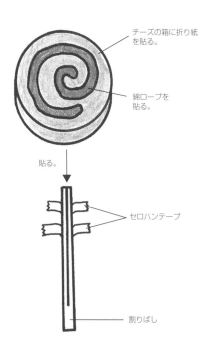

チーズの箱に折り紙を貼る。

綿ロープを貼る。

貼る。

セロハンテープ

割りばし

● おせんべい

段ボールを切って、一度丸めてから開く。

クレヨンで焦げめを描く。

折り紙を貼る。

● お団子・三色団子

1

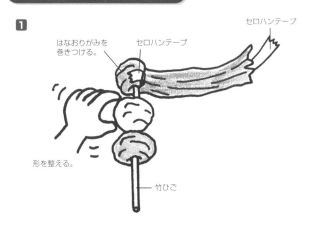

はなおりがみを巻きつける。

セロハンテープ

セロハンテープ

形を整える。

竹ひご

2

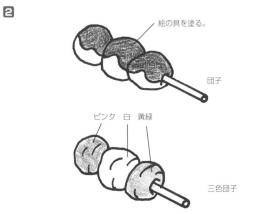

絵の具を塗る。

団子

ピンク　白　黄緑

三色団子

● ビスケット

段ボールを切って、クレヨンで模様を描く。

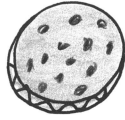

● チョコレート

1

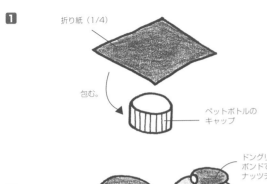

折り紙（1/4）

包む。

ペットボトルの
キャップ

2

ドングリを木工用
ボンドで貼ると、
ナッツチョコに。

入れる。

おかず入れ

段ボールを折り紙で
包んで貼る。

アルミホイル

クレヨンで描く。

● キャンディー

1

折り紙にクレヨン
で描く。

ドングリ

カラーセロファン

2

包んで両端をねじる。

● アイスキャンディー

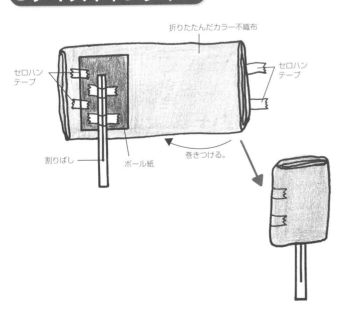

折りたたんだカラー不織布

セロハン
テープ

セロハン
テープ

割りばし

ボール紙

巻きつける。

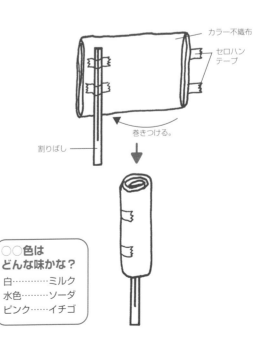

カラー不織布

セロハン
テープ

割りばし

巻きつける。

○○色は
どんな味かな？

白………ミルク
水色……ソーダ
ピンク……イチゴ

カフェテリア

カフェテリアには子どもたちはあまり行ったことはない
かもしれませんが、パフェやプリンは大好きですね。
いろいろな素材を用意して、自分たちの好きなパフェや
飲み物を作ってみましょう。

ジュース

プリン

ビッグパフェのできあがり！
こんなに大きなパフェ、
食べたかったんだぁ。

クリーム
ソーダ

ソフト
クリーム

パフェ

空き箱に切れめを入れ
て、ソフトクリームを
立てておきます。

アイスクリーム

33

カフェテリアの作り方

● クリームソーダ

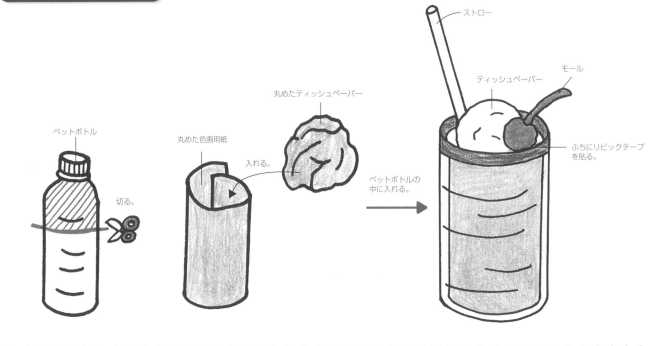

ペットボトル

切る。

丸めた色画用紙

入れる。

丸めたティッシュペーパー

ペットボトルの中に入れる。

ストロー

ティッシュペーパー

モール

ふちにリビックテープを貼る。

● ジュース

1

切る。

ペットボトル

切る。

2

曲がるストロー

ふちにリビックテープを貼る。

カラービニパック

飲み口を合わせて、リビックテープでつなげる。

ふちにリビックテープを貼る。

○○色はどんな味かな？

例　白……バニラ
　　ピンク……イチゴ
　　茶……チョコレート
　　黄緑……メロン・抹茶
　　など

● プリン

1

紙コップ

切る。

2

絵の具を塗る。

プラスチックスプーン

紙皿

● パフェ

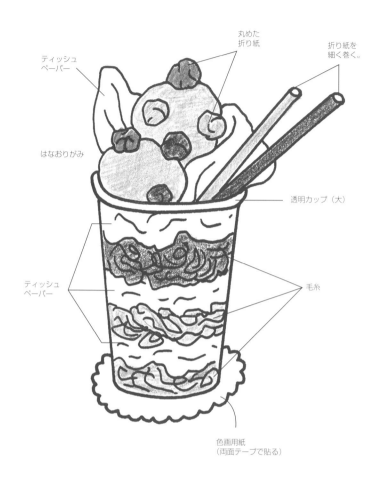

丸めた
折り紙

折り紙を
細く巻く。

ティッシュ
ペーパー

はなおりがみ

透明カップ（大）

ティッシュ
ペーパー

毛糸

色画用紙
（両面テープで貼る）

● ソフトクリーム

1

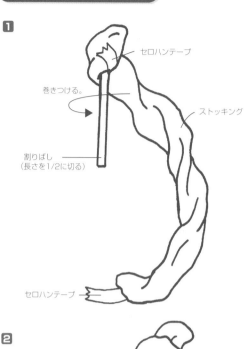

セロハンテープ

巻きつける。

ストッキング

割りばし
（長さを1/2に切る）

セロハンテープ

2

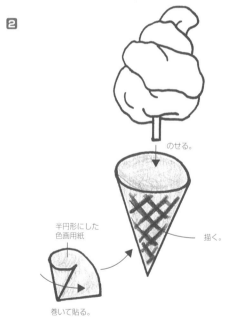

のせる。

半円形にした
色画用紙

描く。

巻いて貼る。

● アイスクリーム

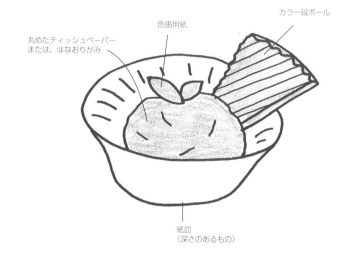

カラー段ボール

色画用紙

丸めたティッシュペーパー
または、はなおりがみ

紙皿
（深さのあるもの）

● お盆

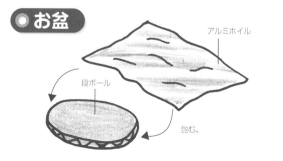

アルミホイル

段ボール

包む。

中華そばやさん

ラーメン・ギョウザも、子どもたちは好き
ですね。割りばしを使って、おはしの使い
方の練習になるかもしれません。

冷やし中華

チャーハン

シュウマイ

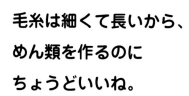

毛糸は細くて長いから、めん類を作るのにちょうどいいね。

ラーメン

野菜いため

ギョウザ

●ラーメン

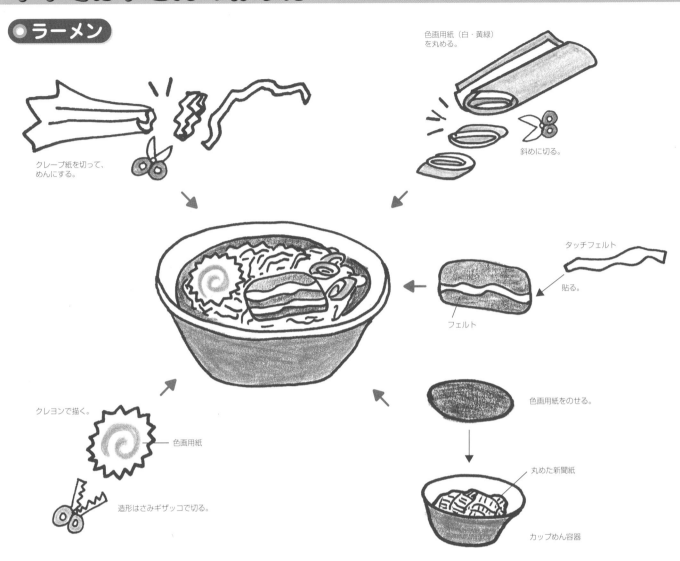

クレープ紙を切って、めんにする。

色画用紙（白・黄緑）を丸める。

斜めに切る。

タッチフェルト

貼る。

フェルト

クレヨンで描く。

色画用紙

造形はさみギザッコで切る。

色画用紙をのせる。

丸めた新聞紙

カップめん容器

●野菜いため

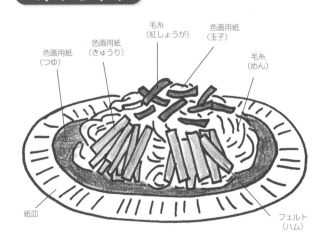

色画用紙（黄緑）にしわをつけて、ちぎる。

フェルト（緑）

毛糸（オレンジ）

★作り方のコツ★
山盛りにすると、おいしそうだよ。

●冷やし中華

色画用紙（つゆ）

色画用紙（きゅうり）

毛糸（紅しょうが）

色画用紙（玉子）

毛糸（めん）

紙皿

フェルト（ハム）

● ギョウザ

1

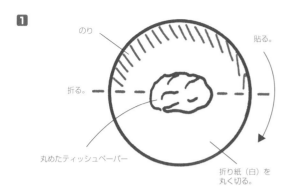

のり

貼る。

折る。

丸めたティッシュペーパー

折り紙（白）を
丸く切る。

2

ギャザーを寄せて貼る。

3

焼きめを描く。

※しょう油は、紙皿に色画用紙をのせる。

● シュウマイ

1

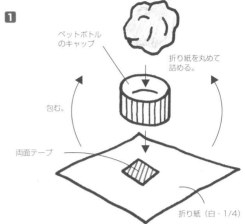

ペットボトル
のキャップ

折り紙を丸めて
詰める。

包む。

両面テープ

折り紙（白・1/4）

2

握る。

3

タッチフェルト

● チャーハン

1

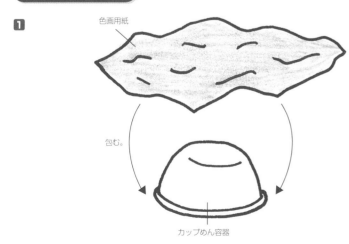

色画用紙

包む。

カップめん容器

2

タッチフェルト

紙皿

日本そばやさん

カップめんの空き容器を使えば、簡単におそばがやうどん作れます。上にのせる具を工夫して、アイデアいっぱいにいろいろなおそば・うどんを作ってみましょう。

かきあげそば

きつねうどん

トッピングを工夫して、いろいろなおそばを作ってみよう。
「○○ぐみのおそばミュージアム」なんていうのも楽しそう！

月見そば

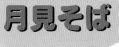

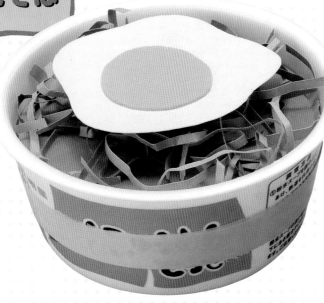

ざるそば

天ぷらそば

トッピングの
いろいろ

日本そばやさんの作り方

● ざるそば

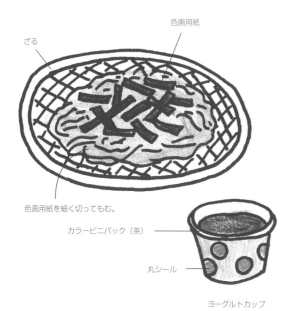

色画用紙

ざる

色画用紙を細く切ってもむ。

カラービニパック（茶）

丸シール

ヨーグルトカップ

● 天ぷらそば

1

色画用紙（オレンジ

しわをつけた
折り紙で包む。

2 つゆはきつねうどんと同じ。

色画用紙
（グレー）

● きつねうどん

1

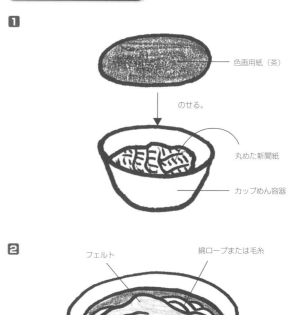

色画用紙（茶）

のせる。

丸めた新聞紙

カップめん容器

2

フェルト

綿ロープまたは毛糸

ビニールテープ

● 月見そば

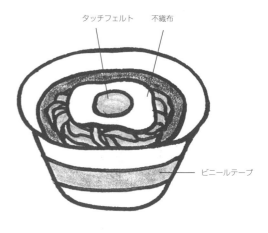

タッチフェルト

不織布

ビニールテープ

つゆ・めんは天ぷらそばと同じ。

● かきあげそば

1

色画用紙（クリーム色）

クレヨンで描く。

2

くしゃくしゃとしわをつけてから広げる。

3

つゆ・そばは天ぷらそばと同じ。

プラスアイデア

トッピングのいろいろ

青菜

帯状に切ってじゃばらに折る。

クレープ紙（緑）

かまぼこ

描く。

画用紙

わかめ

色画用紙（深緑）をちぎって、しわをつける。

ねぎ

折り紙（黄緑）を丸める。

斜めに切る。

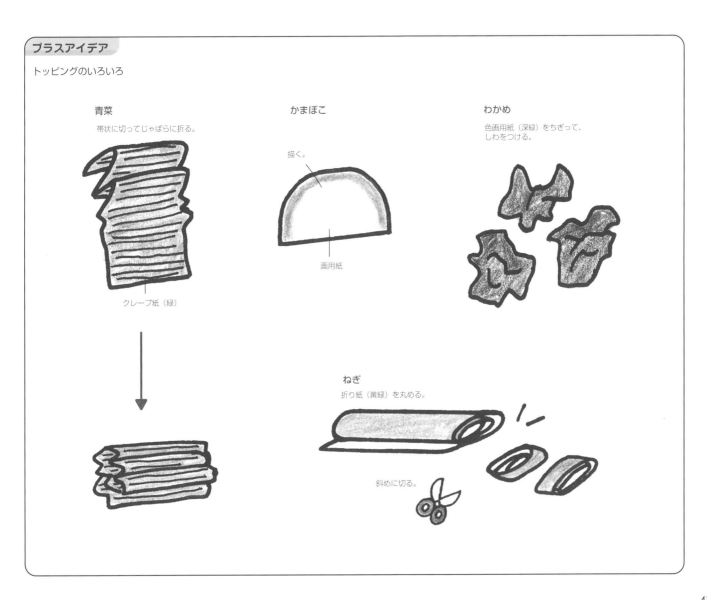

43

おすしやさん

おすしのごはん部分さえ作ってしまえば、あとはアイデア次第です。近ごろはいろいろな具材をのせたおすしもありますので、好きなものを話しながら作ってみましょう。

イクラ

マグロ

イカ

お皿の色で。値段が変わる、回転ずしスタイルでも楽しいよ。

玉子

実際におすしがのっている
スチロールトレイを使うと、
雰囲気アップ！

タコ

エビ

かっぱ巻き

おすしやさんの作り方

● 玉子

①

キッチンペーパー

折って丸める。

②
フェルト

のせる。

セロハンテープ

③
折り紙

● マグロ

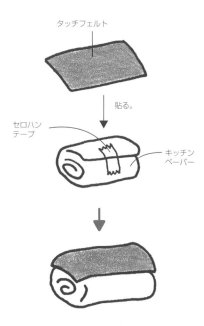

タッチフェルト

貼る。

セロハンテープ

キッチンペーパー

● タコ

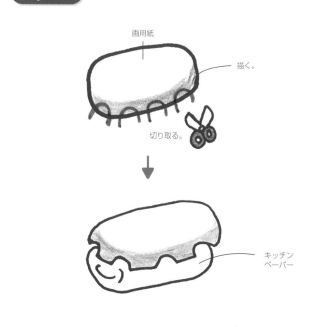

画用紙

描く。

切り取る。

キッチンペーパー

● イカ

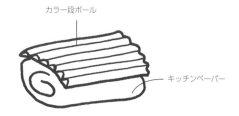

カラー段ボール

キッチンペーパー

● イクラ

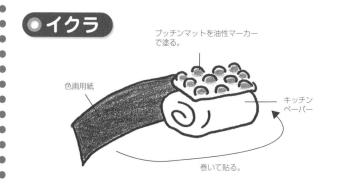

プッチンマットを油性マーカーで塗る。

色画用紙

キッチンペーパー

巻いて貼る。

●エビ

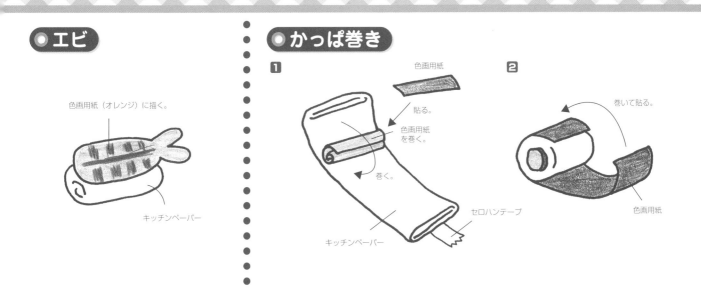

色画用紙（オレンジ）に描く。

キッチンペーパー

●かっぱ巻き

1

色画用紙

貼る。

色画用紙
を巻く。

巻く。

キッチンペーパー

セロハンテープ

2

巻いて貼る。

色画用紙

●はちまき

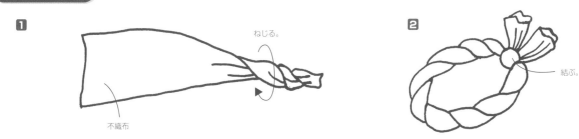

1

ねじる。

不織布

2

結ぶ。

※しょう油は、紙皿にクレヨンで描く。

豆しぼりの手ぬぐいを使ってもいいでしょう。

プラスアイデア

しゃりのいろいろ

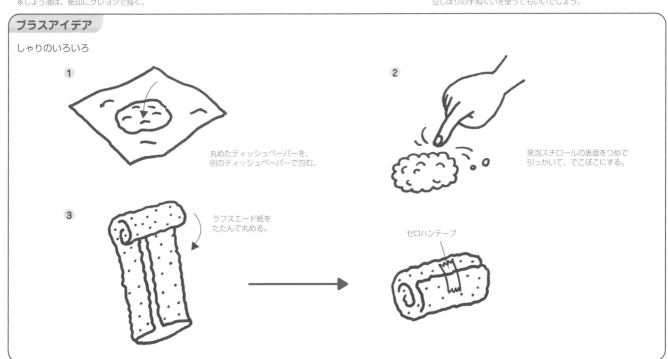

① 丸めたティッシュペーパーを、
別のティッシュペーパーで包む。

② 発泡スチロールの表面をつめで
引っかいて、でこぼこにする。

③ ラフスエード紙を
たたんで丸める。

セロハンテープ

レストラン

様々なメニューが並ぶレストラン。バラエティー豊か
なお子さまランチや、スパゲティーにオムライスなど
子どもたちの大好きなものがいっぱいです。カラフル
な素材で、製作を楽しんでください。

サラダ

ピザ

**スパゲティー
ナポリタン**

お子さまランチ

カレーライス

オムライス
（オムレツ）

ハンバーグ

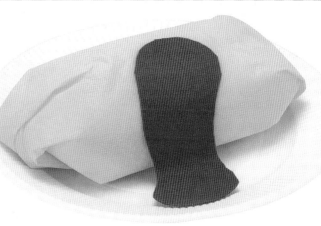

レストランの作り方

● ハンバーグ

1

しわをつけた色画用紙で包む。

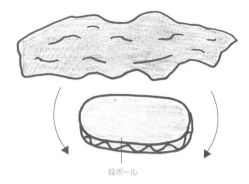

段ボール

2

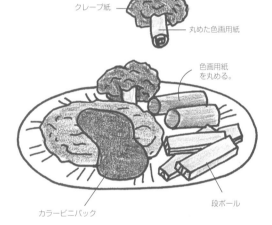

クレープ紙

丸めた色画用紙

色画用紙を丸める。

カラービニパック

段ボール

● お子さまランチ

1

しわをつけた折り紙で包む。

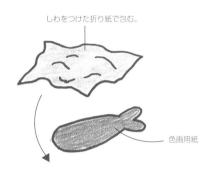

色画用紙

2

タッチフェルト

ヨーグルトカップを色画用紙で包む。

クレープ紙を細く切る。

フェルト

ちぎった色画用紙

タッチフェルト

フェルト

ハンバーグと同じ。

色画用紙を丸める。

小さいゼリーカップをカラーセロファンで包む。

● カレーライス

タッチフェルト

色画用紙

ハンドタオル

● オムライス（オムレツ）

キッチンペーパーを丸めて、不織布で包む。

タッチフェルト

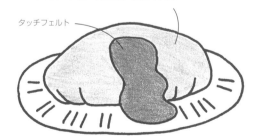

● ピザ

1 　しわをつけた
色画用紙

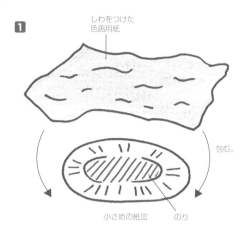

包む。

小さめの紙皿　　のり

2 　　タッチフェルト

切る。

のせる。

大きめの紙皿

● サラダ

折り紙を細く丸めて貼る。

のり

ねじる。

切る。

はなおりがみ（赤）

包む。

折り紙を切って
貼る。

紙皿（深さのある）に模様を描く。

● スパゲティーナポリタン

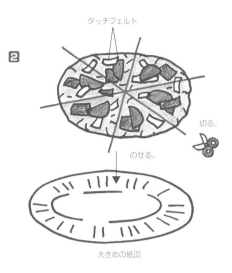

丸めた
色画用紙

色画用紙

毛糸

色画用紙をちぎって、
しわをつける。

タッチフェルト

丸めた色画用紙

51

屋台のお店

おでんやお好み焼きなどを、お祭りの出店で買うといった経験をしている子も多いでしょう。机を屋台に見立てて、「いらっしゃい、いらっしゃい」と威勢よく声をかけてあそんでみましょう。

お好み焼き

おでん

いろいろなトッピングでオリジナルお好み焼きのできあがり!

たい焼き

たこ焼き

焼きそば

綿あめ

屋台のお店の作り方

● おでん

ダイコン

1

ペットボトル

切る。

2

折り紙

包む。

ペットボトルの底を切ったもの

3 クレヨンで描く。

こぶ巻き

色画用紙を巻く。

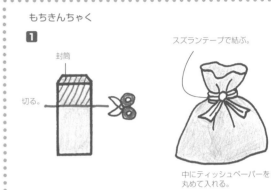

スズランテープを細く裂いたもので結ぶ。

コンニャク

1 切る。

お菓子の空き箱

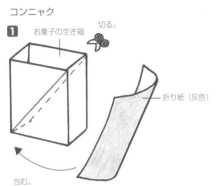

折り紙（灰色）

包む。

2 点々をクレヨンで描く。

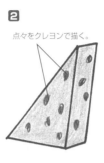

もちきんちゃく

1

封筒

スズランテープで結ぶ。

切る。

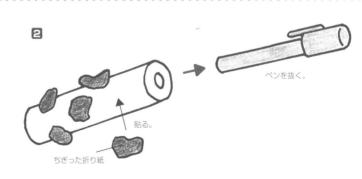

中にティッシュペーパーを丸めて入れる。

チクワ

1

太めのペン

巻いて貼る。

キッチンペーパー

のり

2

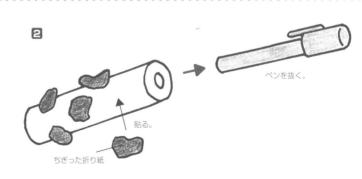

ペンを抜く。

貼る。

ちぎった折り紙

● たこ焼き

1

折り紙

包む。

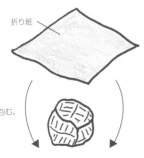

丸めた新聞紙

2 焦げめを描く。

3 のりを塗る。

色画用紙を切って振りかける。

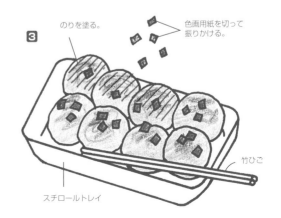

スチロールトレイ

竹ひご

● たい焼き

1

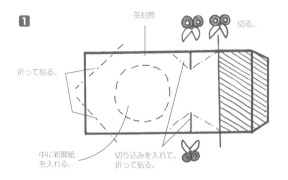

茶封筒

切る。

折って貼る。

中に新聞紙を入れる。

切り込みを入れて、折って貼る。

2

描く。

★作り方のコツ★
中に入れる新聞紙は少なめに、平らにして入れると作りやすいです。

● 綿あめ

1

割りばし

綿

入れる。

油性マーカーで描く。

ビニール袋

2

モール

● お好み焼き

1

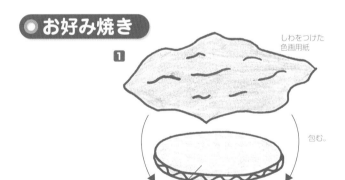

しわをつけた色画用紙

包む。

段ボール

2

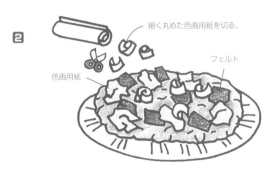

細く丸めた色画用紙を切る。

フェルト

色画用紙

● 焼きそば

色画用紙

フェルト

毛糸

● へら

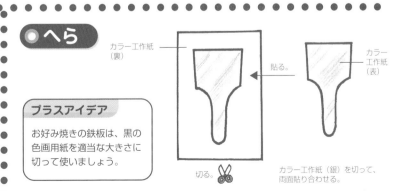

カラー工作紙（裏）

貼る。

カラー工作紙（表）

切る。

カラー工作紙（銀）を切って、両面貼り合わせる。

プラスアイデア
お好み焼きの鉄板は、黒の色画用紙を適当な大きさに切って使いましょう。

ハンバーガーやさん

ファストフードは子どもに人気。大好きなメニューのセットをオーダー！ いろいろな具材を作って、オリジナルバーガー作るのも楽しいですね。それぞれが画用紙に食べたいものを描いて、バンズにはさんでもいいでしょう。

エッグバーガー

ベーコンレタス バーガー

チーズにもいろいろな色のがあるね。
こんなに大きなチーズバーガー、
できあがるまで少し待ってね！

56

ドリンク

チーズ
バーガー

フライドポテト

フライドチキン

チキンナゲット

ハンバーガーやさんの作り方

● チーズバーガー

1

バンズ（上段）
しわをつけた色画用紙

包む。

丸めてつぶした新聞紙

セロハンテープ

チーズの容器

バンズ（下段）

包む。

しわをつけた色画用紙

● エッグバーガー

タッチフェルト

フェルト

2

フェルト

色画用紙を丸めてつぶす。

セロハンテープ

● ベーコンレタスバーガー

クレープ紙

タッチフェルト

フェルト

● フライドポテト

1

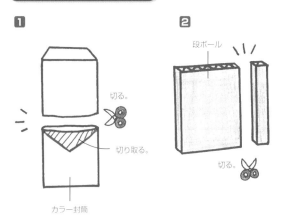

切る。

切り取る。

カラー封筒

2

段ボール

切る。

3

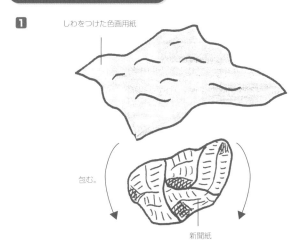

模様を描く。

● フライドチキン

1

しわをつけた色画用紙

包む。

新聞紙

2

かご

布

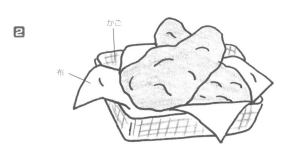

● チキンナゲット

1

しわをつけた折り紙

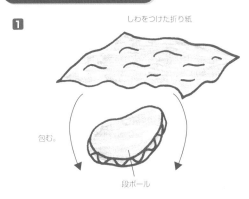

包む。

段ボール

2

丸めた折り紙

詰める。

コーヒーミルクの容器

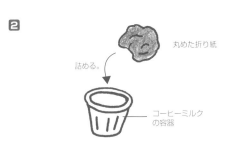

3 トレイに詰める。

● ドリンク

曲がるストロー

透明カップ（大）

丸シール

はなおりがみ

コンビニエンスストアー

何でも売っている身近なお店として、コンビニはごっこの世界でも重宝されるでしょう。おにぎりやサンドイッチなどのほかにも、コンビニで売っているいろいろなものを作ってみましょう。お菓子などは空き箱をそのまま利用してもいいですね。

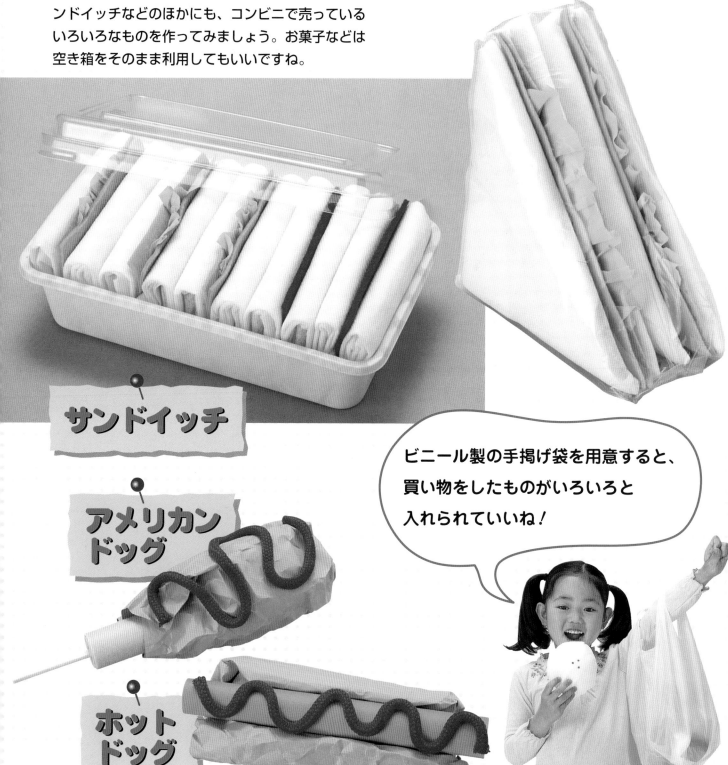

サンドイッチ

アメリカンドッグ

ホットドッグ

ビニール製の手提げ袋を用意すると、買い物をしたものがいろいろと入れられていいね！

ポップコーン

おにぎり

飲み物

中華まん

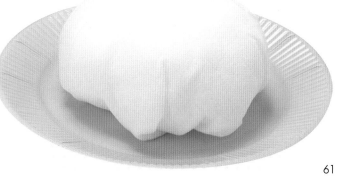

コンビニエンスストアーの作り方

● サンドイッチ

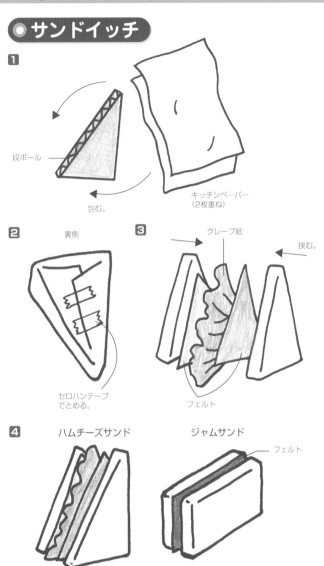

1
段ボール
包む。
キッチンペーパー
（2枚重ね）

2
裏側
セロハンテープ
でとめる。

3
クレープ紙
挟む。
フェルト

4
ハムチーズサンド
ジャムサンド
フェルト

● ホットドッグ

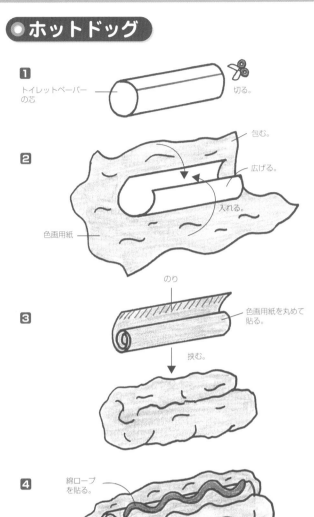

1
トイレットペーパー
の芯
切る。

2
包む。
広げる。
入れる。
色画用紙

3
のり
色画用紙を丸めて
貼る。
挟む。

4
綿ロープ
を貼る。

● アメリカンドッグ

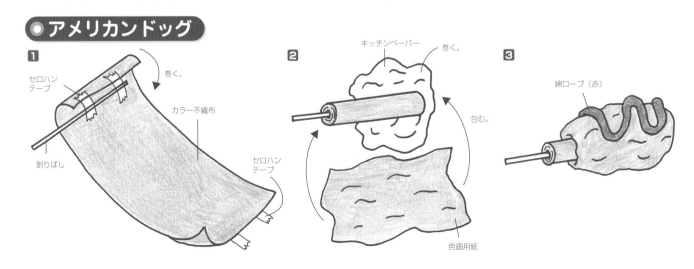

1
セロハン
テープ
割りばし
巻く。
カラー不織布
セロハン
テープ

2
キッチンペーパー
巻く。
包む。
色画用紙

3
綿ロープ（赤）

● おにぎり

1

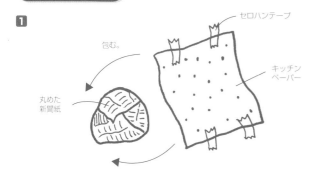

包む。

セロハンテープ

丸めた
新聞紙

キッチン
ペーパー

2

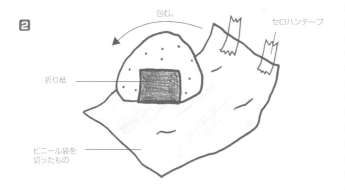

包む。

折り紙

セロハンテープ

ビニール袋を
切ったもの

● 飲み物

1

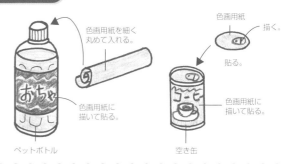

色画用紙を細く
丸めて入れる。

色画用紙

描く。

貼る。

色画用紙に
描いて貼る。

色画用紙に
描いて貼る。

ペットボトル

空き缶

● ポップコーン

モール

ティッシュペーパー
を丸める。

紙コップ
に描く。

ビニール袋
に入れる。

● 中華まん

1

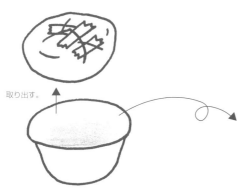

キッチンペーパー

入れる。

小さいカップめん容器
またはおわんなど

2

中に綿を入れる。

包んでセロハンテープ
でとめる。

3

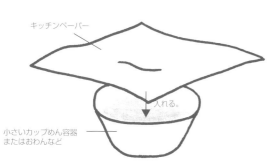

取り出す。

4

ひっくり返す。

ペンで模様を
つける。

63

アクセサリーやさん

自分の好きな色で作るアクセサリーは、子どもたちに大人気です。「これは、妹の！」「お母さんにプレゼントするんだ」などといった言葉も聞かれるでしょう。アクセサリーは、プレゼントするのも楽しくなるごっこあそびグッズです。

いろいろな色のリボンを用意すると、好きな色の髪飾りが作れるわ！

髪飾り
（リボン）

指輪

ブローチ
（おた）

ブレスレット

ネックレス

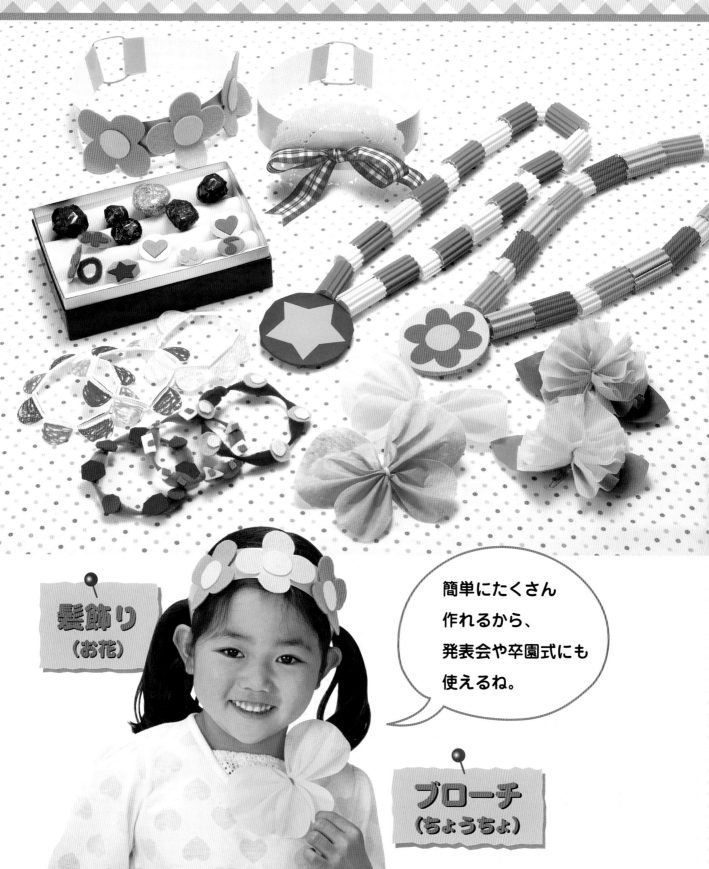

髪飾り
（お花）

簡単にたくさん
作れるから、
発表会や卒園式にも
使えるね。

ブローチ
（ちょうちょ）

アクセサリーやさんの作り方

● ネックレス

1

ひも

通す。

のり

カラー段ボールを
丸めて貼る。

洗濯ばさみ

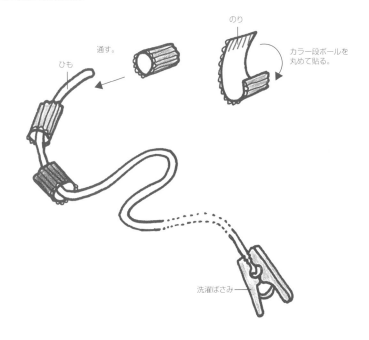

2

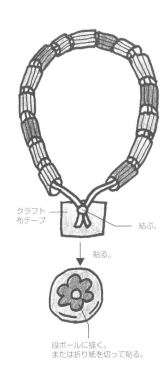

クラフト
布テープ

結ぶ。

貼る。

段ボールに描く。
または折り紙を切って貼る。

★作り方のコツ★

◎飾りの太さを同じにしたいときには、カラー段ボールを太めのペンに巻きつけて貼ります。
　のりが乾くまで輪ゴムで仮どめしておくと簡単です。
◎ひもを通すときに、ひもの端に洗濯ばさみをつけておくと、通した飾りが抜け落ちません。

● ブレスレット

ブレスレット（A）

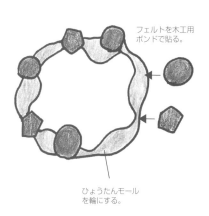

フェルトを木工用
ボンドで貼る。

ひょうたんモール
を輪にする。

ブレスレット（B）

1

紙コップをつぶす。

切り取る。

2

切り込みを入れて、外に開く。

3

色を塗る。

花びらの形に切る。

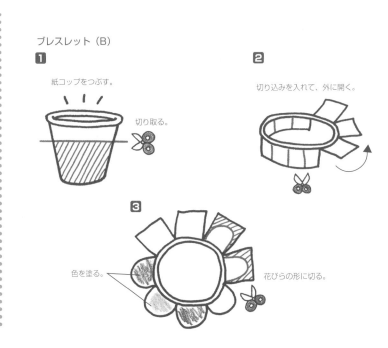

66

● ブローチ

（ちょうちょ）

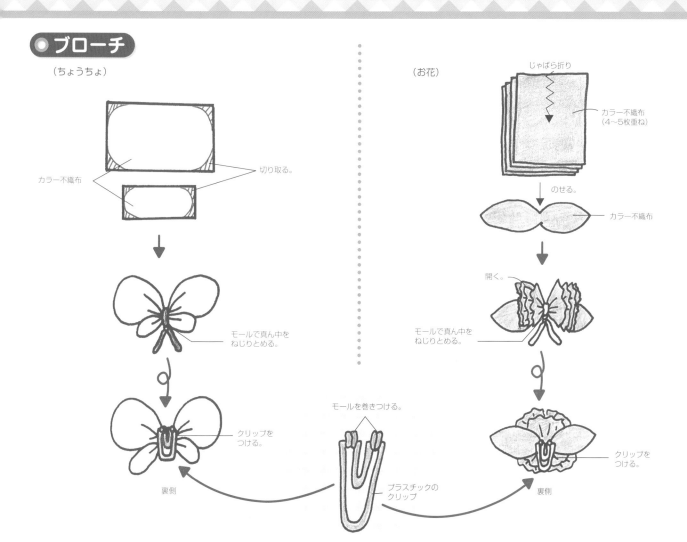

カラー不織布

切り取る。

モールで真ん中を
ねじりとめる。

クリップを
つける。

裏側

モールを巻きつける。

プラスチックの
クリップ

（お花）

じゃばら折り

カラー不織布
（4〜5枚重ね）

のせる。

カラー不織布

開く。

モールで真ん中を
ねじりとめる。

クリップを
つける。

裏側

● 指輪

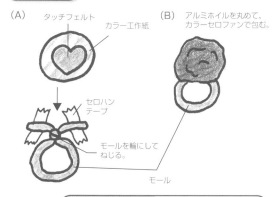

（A）

タッチフェルト

カラー工作紙

セロハン
テープ

モールを輪にして
ねじる。

（B）アルミホイルを丸めて、
カラーセロファンで包む。

モール

プラスアイデア

指輪を入れるケースは、空き箱に、キッチンペー
パーを箱の幅に合わせて切って、筒状に丸め
たものを数本入れます。

● 髪飾り

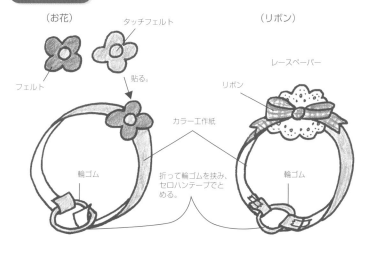

（お花）

タッチフェルト

フェルト

貼る。

カラー工作紙

輪ゴム

折って輪ゴムを挟み、
セロハンテープでと
める。

（リボン）

レースペーパー

リボン

輪ゴム

サングラス・携帯電話・カメラやさん

ちょっとおしゃれな小物を集めて紹介します。子どもたちは、かけると世界が違って見えるサングラスが大好きです。携帯電話は、ごっこあそびでも欠かせないグッズですね。カメラも人気です。

カメラ

表　　　裏

デジタルカメラ

＜チョコレート菓子＞

カメラは空き箱を
そのまま利用して作ろう！
少し大きく作ると、
存在感バツグンだよ！

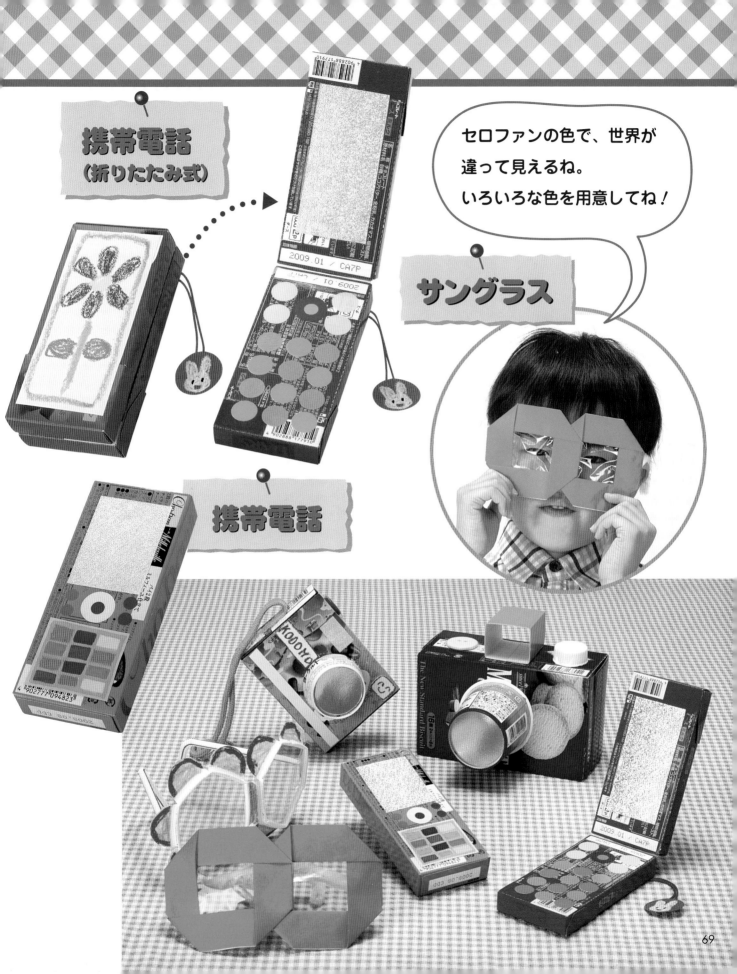

携帯電話
（折りたたみ式）

携帯電話

サングラス

セロファンの色で、世界が
違って見えるね。
いろいろな色を用意してね！

● デジタルカメラ

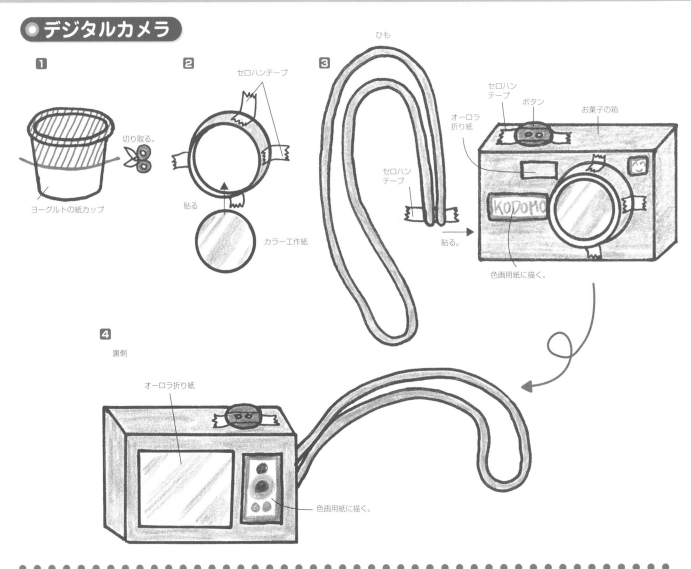

1

ヨーグルトの紙カップ

切り取る。

2

セロハンテープ

貼る

カラー工作紙

3

ひも

セロハンテープ

貼る。

セロハンテープ

ボタン

オーロラ折り紙

お菓子の箱

KODOMO

色画用紙に描く。

4

裏側

オーロラ折り紙

色画用紙に描く。

● カメラ

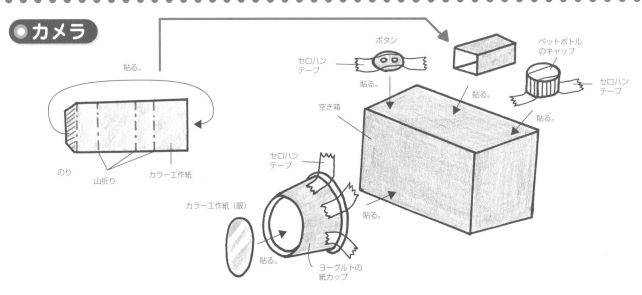

貼る。

ボタン

セロハンテープ

貼る。

ペットボトルのキャップ

セロハンテープ

貼る。

のり

山折り

カラー工作紙

空き箱

貼る。

セロハンテープ

カラー工作紙（銀）

貼る。

ヨーグルトの紙カップ

貼る。

● 携帯電話

携帯電話（折りたたみ式）

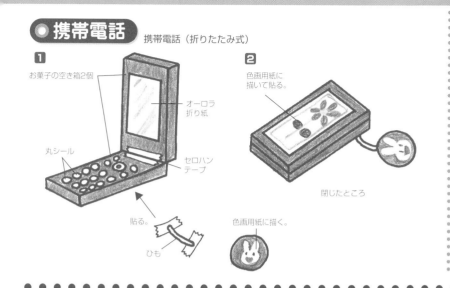

1
お菓子の空き箱2個
オーロラ折り紙
丸シール
セロハンテープ
貼る。
ひも
色画用紙に描く。

2
色画用紙に描いて貼る。
閉じたところ

携帯電話

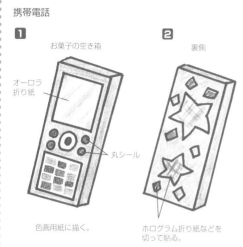

1
お菓子の空き箱
オーロラ折り紙
丸シール
色画用紙に描く。

2
裏側
ホログラム折り紙などを切って貼る。

● サングラス

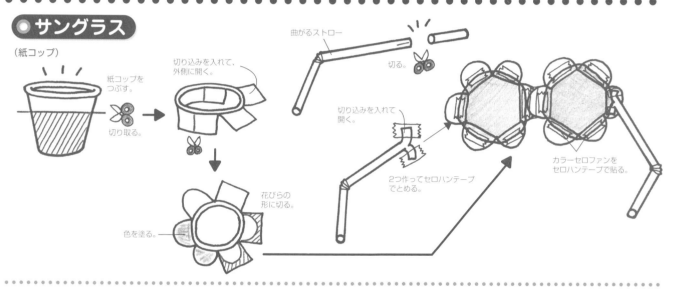

（紙コップ）
紙コップをつぶす。
切り取る。
切り込みを入れて、外側に開く。
色を塗る。
花びらの形に切る。
曲がるストロー
切る。
切り込みを入れて開く。
2つ作ってセロハンテープでとめる。
カラーセロファンをセロハンテープで貼る。

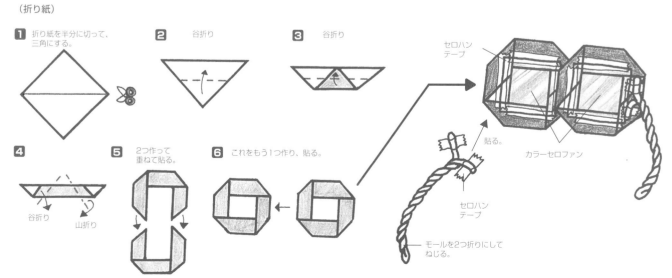

（折り紙）

1 折り紙を半分に切って、三角にする。

2 谷折り

3 谷折り

4 谷折り　山折り

5 2つ作って重ねて貼る。

6 これをもう1つ作り、貼る。

セロハンテープ
貼る。
カラーセロファン
セロハンテープ
モールを2つ折りにしてねじる。

お花やさん

作った花を束ねたり、鉢植えにするアイデアも紹介します。プレゼントにしたり、お部屋を飾ったりと、いろいろ使えるのでは？　花を飾って、保育室やクラスの中を華やかな雰囲気にしても楽しいでしょう。

カーネーション

チューリップ

鉢植え

母の日、父の日、敬老の日、お誕生会のプレゼントにしても喜んでくれるよ。

アサガオ

花束

バラ

ヒマワリ

73

お花やさんの作り方

● カーネーション

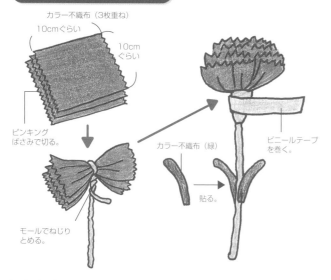

カラー不織布（3枚重ね）
10cmぐらい
10cmぐらい
ピンキングばさみで切る。
モールでねじりとめる。
カラー不織布（緑）
貼る。
ビニールテープを巻く。

● ヒマワリ

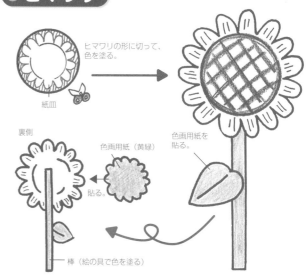

ヒマワリの形に切って、色を塗る。
紙皿
裏側
色画用紙（黄緑）
貼る。
色画用紙を貼る。
棒（絵の具で色を塗る）

● チューリップ

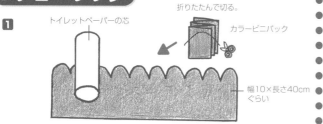

① トイレットペーパーの芯
折りたたんで切る。
カラービニパック
幅10×長さ40cmぐらい

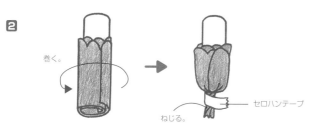

② 巻く。
ねじる。
セロハンテープ

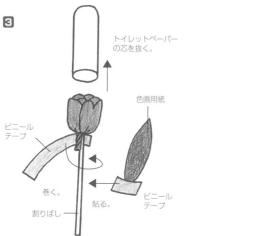

③ トイレットペーパーの芯を抜く。
色画用紙
ビニールテープ
巻く。
貼る。
割りばし
ビニールテープ

● 花束

①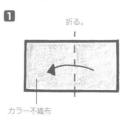
折る。
カラー不織布

②  折る。

③  折る。

④  切る。

⑤ 広げる。

⑥
包む。

⑦
リボン
輪ゴムでとめる。

⑧
リボンを結ぶ。

●バラ

1

セロハンテープ

貼る。

モールを挟む。

クレープ紙（2つ折り）

割りばしを転がして巻く。

2

ビニールテープ

モール

3

ふちをのばす。

不織布（緑）

貼る。

ビニールテープ

★**作り方のコツ**★
テーブルの上に置いて
割りばしを転がすと、
巻きつけやすいです。

●鉢植え

1

巻く。

折りたたんだ新聞紙

2

クラフトテープ

カラー段ボール

巻いて貼る。

3

カラー段ボール

巻いて貼る。

4

色画用紙

セロハンテープ

貼る。

挿す。

モール

貼る。

色画用紙

●アサガオ

1

棒

ひもでしばる。

2

巻いた新聞紙

クラフトテープ

入れる。

カラー段ボール

空き箱

貼る。

3

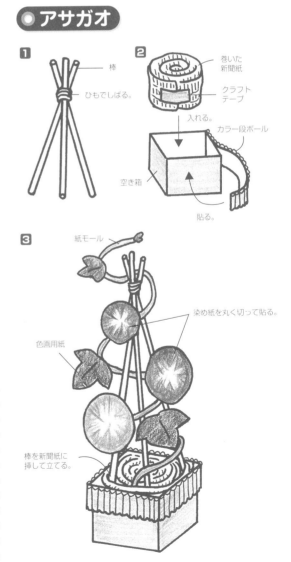

紙モール

染め紙を丸く切って貼る。

色画用紙

棒を新聞紙に挿して立てる。

ごっこあそびの便利グッズ

これまでは、いろいろなお店やさんごっこを満喫できるグッズの紹介をしてきました。ここでは、どのお店でも共通で使えるようなグッズを作ります。お買い物バッグ・店員さんのコスチューム・お財布やお金にレジなども作って、さらにごっこあそびの世界を楽しみましょう。

レジスター

オーダー
端末

お金

財布

お店やさんごっこの小物の作り方

● レジスター

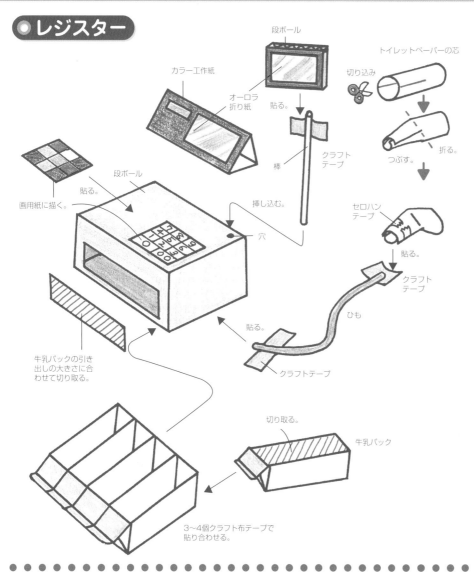

段ボール

カラー工作紙

オーロラ
折り紙

貼る。

棒

クラフト
テープ

挿し込む。

穴

トイレットペーパーの芯

切り込み

折る。

つぶす。

セロハン
テープ

貼る。

クラフト
テープ

ひも

クラフトテープ

段ボール

貼る。

画用紙に描く。

貼る。

牛乳パックの引き
出しの大きさに合
わせて切り取る。

切り取る。

牛乳パック

3～4個クラフト布テープで
貼り合わせる。

● バッグ

1 手提げ袋（紙）

こちらを
使う。

切り取る。

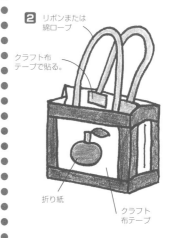

2 リボンまたは
綿ロープ

クラフト布
テープで貼る。

折り紙

クラフト
布テープ

プラスアイデア

ひもを長くするとショルダ
ーバッグになります。紙袋
の大きさで、イメージも変
わりますね。

● 財布

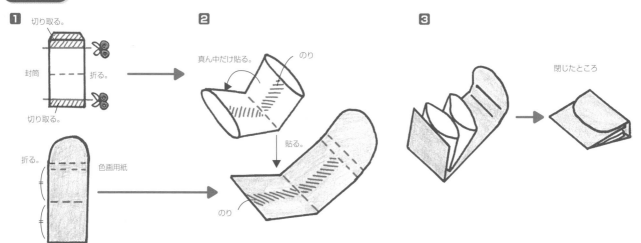

1 切り取る。

封筒

折る。

切り取る。

折る。

色画用紙

2 真ん中だけ貼る。

のり

貼る。

のり

3

閉じたところ

● 帽子

1 包装紙など（50×50cmぐらい）
折る。

2 折る。

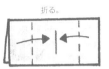

3 開く。

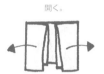

4 山折りする。

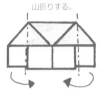

5 1枚だけ折る。

6 折る。

7 折る。

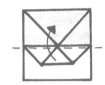

8 折ったところ

9 裏も同様に折る。

開く。

10

クラフト
テープ

ゴムひもをつける。

● お金

色画用紙にマーカーなどで描く。

● エプロン

1 裏側

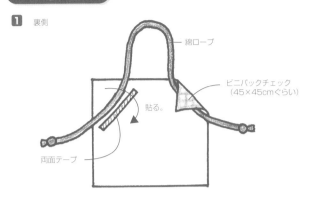

綿ロープ

ビニパックチェック
（45×45cmぐらい）

貼る。

両面テープ

2 表側

ポケット裏側
タックボン

薄い紙

貼る。

貼る。

● オーダー端末

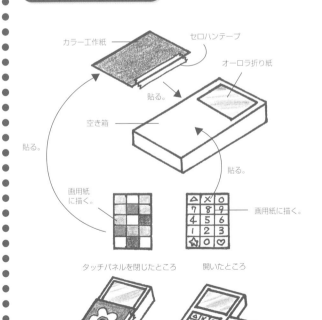

カラー工作紙

セロハンテープ

オーロラ折り紙

貼る。

空き箱

貼る。

貼る。

画用紙
に描く。

画用紙に描く。

タッチパネルを閉じたところ

開いたところ

色画用紙を貼る。

●著者プロフィール

あかま あきこ

幼稚園教諭を経て、講談社フェーマススクールズ童画絵本専門学院にて
創作絵本を学ぶ。
保育造形作家。絵本作家。
保育雑誌「保育のひろば」(メイト) などに造形案・製作を発表。
絵本に「たまごをこんこんこん」など。
絵本創作グループ「絵本探険隊」隊員。

絵本探険隊ホームページ
http://ehontankentai.hp.infoseek.co.jp/

STAFF

- ●撮影　　　小林豊廣 (アミスタジオ)
- ●デザイン　鹿野 聡
- ●編集　　　橘田 眞
- ●モデル　　青木穂香・岩田拓冬・小野賀子・野副佑馬 (セントラル子供タレント)